essentials

W0268930

essentials liefern aktuelles Wissen in konzentrierter Form. Die Essenz dessen, worauf es als „State-of-the-Art" in der gegenwärtigen Fachdiskussion oder in der Praxis ankommt. *essentials* informieren schnell, unkompliziert und verständlich

- als Einführung in ein aktuelles Thema aus Ihrem Fachgebiet
- als Einstieg in ein für Sie noch unbekanntes Themenfeld
- als Einblick, um zum Thema mitreden zu können

Die Bücher in elektronischer und gedruckter Form bringen das Expertenwissen von Springer-Fachautoren kompakt zur Darstellung. Sie sind besonders für die Nutzung als eBook auf Tablet-PCs, eBook-Readern und Smartphones geeignet. *essentials:* Wissensbausteine aus den Wirtschafts-, Sozial- und Geisteswissenschaften, aus Technik und Naturwissenschaften sowie aus Medizin, Psychologie und Gesundheitsberufen. Von renommierten Autoren aller Springer-Verlagsmarken.

Weitere Bände in der Reihe http://www.springer.com/series/13088

Eduard Lukschandl

Zirkulares Grundeinkommen und Nullzinspolitik

Eine Lösung für zwei Probleme

Eduard Lukschandl
Wien, Österreich

ISSN 2197-6708   ISSN 2197-6716   (electronic)
essentials
ISBN 978-3-658-29467-0   ISBN 978-3-658-29468-7   (eBook)
https://doi.org/10.1007/978-3-658-29468-7

Die Deutsche Nationalbibliothek verzeichnet diese Publikation in der Deutschen Nationalbibliografie; detaillierte bibliografische Daten sind im Internet über http://dnb.d-nb.de abrufbar.

© Springer Fachmedien Wiesbaden GmbH, ein Teil von Springer Nature 2020
Das Werk einschließlich aller seiner Teile ist urheberrechtlich geschützt. Jede Verwertung, die nicht ausdrücklich vom Urheberrechtsgesetz zugelassen ist, bedarf der vorherigen Zustimmung des Verlags. Das gilt insbesondere für Vervielfältigungen, Bearbeitungen, Übersetzungen, Mikroverfilmungen und die Einspeicherung und Verarbeitung in elektronischen Systemen.
Die Wiedergabe von allgemein beschreibenden Bezeichnungen, Marken, Unternehmensnamen etc. in diesem Werk bedeutet nicht, dass diese frei durch jedermann benutzt werden dürfen. Die Berechtigung zur Benutzung unterliegt, auch ohne gesonderten Hinweis hierzu, den Regeln des Markenrechts. Die Rechte des jeweiligen Zeicheninhabers sind zu beachten.
Der Verlag, die Autoren und die Herausgeber gehen davon aus, dass die Angaben und Informationen in diesem Werk zum Zeitpunkt der Veröffentlichung vollständig und korrekt sind. Weder der Verlag, noch die Autoren oder die Herausgeber übernehmen, ausdrücklich oder implizit, Gewähr für den Inhalt des Werkes, etwaige Fehler oder Äußerungen. Der Verlag bleibt im Hinblick auf geografische Zuordnungen und Gebietsbezeichnungen in veröffentlichten Karten und Institutionsadressen neutral.

Planung/Lektorat: Isabella Hanser
Springer Gabler ist ein Imprint der eingetragenen Gesellschaft Springer Fachmedien Wiesbaden GmbH und ist ein Teil von Springer Nature.
Die Anschrift der Gesellschaft ist: Abraham-Lincoln-Str. 46, 65189 Wiesbaden, Germany

Was Sie in diesem *essential* finden können

- Grundlegende Informationen zu den Begriffen Geld und Arbeit.
- Eine Darstellung der Funktionsweise des Bedingungslosen Grundeinkommens anhand von Beispielen aus der Praxis.
- Eine Vorstellung des Modells des Zirkularen Grundeinkommens mit einem konkreten Vorschlag zur Finanzierung und ausführlichen Rechenbeispielen.

Vorwort

Dieses *essential* ist in zwei Teile gegliedert.

Im ersten Teil werden zwei Phänomene behandelt – das Phänomen Geld und das Phänomen Arbeit. Beide sind nicht neu, doch haben Automatisierung und Digitalisierung fast zwingend zu einem Bedeutungswandel geführt, auf den hier eingegangen werden soll.

In den Schlagzeilen der Zeitungen findet sich immer häufiger der Begriff *Negativzinsen,* die die Zentralbanken für Zentralbankguthaben von Geschäftsbanken erheben. Die Geschäftsbanken ihrerseits versuchen daher, diese an ihre Kunden weiterzugeben, indem sie deren Girokonten mit Negativzinsen belasten. Ein Geldwirtschaftssystem mit Negativzinsen mutet nicht nur Laien seltsam an, und die Sparer sorgen sich um ihre Zukunft.

In der zweiten Hälfte des 18. Jahrhunderts begann mit der Erfindung von Spinnmaschinen und automatischen Webstühlen das Maschinenzeitalter. Dadurch wurde eine Revolution ausgelöst, die menschliche Arbeitskraft auf dem Gebiet der Textilwirtschaft großteils überflüssig machte. Es entstanden Fabriken, und man begann deutlicher, Arbeitszeit und Freizeit zu unterscheiden.

Die Idee eines *Bedingungslosen Grundeinkommens* (BGE) ist einige Jahrzehnte alt, hat aber erst in den letzten Jahren große Verbreitung gefunden und wird mittlerweile auch in Tageszeitungen diskutiert. Es existieren die verschiedenartigsten Modelle, und vor allem zu deren Finanzierung findet man ein breites Spektrum von Ansätzen.

Im November 2019 fand in Österreich das Volksbegehren **Bedingungsloses Grundeinkommen** statt. Mit knapp 70.000 Unterschriften wurde der Schwellenwert von 100.000 Stimmen nicht erreicht, um im Nationalrat behandelt zu werden

In dem Spielfilm *Das Wunder von Wörgl* wird ein historisches Beispiel dafür beschrieben, wie ein nicht funktionierendes ökonomisches System mithilfe des sogenannten *Schwundgeldes* korrigiert werden kann.

Der zweite Teil des *essentials* zieht den zwingend logischen Schluss aus diesen Beobachtungen und beinhaltet einen Vorschlag zur Finanzierung: das *Zirkulare Grundeinkommen* (ZGE). Dieses stellt zugleich die Lösung für das Problem der EZB dar, das Inflationsziel von zwei Prozent zu erreichen.

Das *essential* wendet sich sowohl an Ökonomen, denen die Nullzinspolitik der EZB missfällt, als auch an andere Interessierte, die die Finanzierung als einziges Hindernis für die Einführung des BGE sehen beziehungsweise eine Demontage des Sozialstaates befürchten.

Eduard Lukschandl

Inhaltsverzeichnis

Abkürzungsverzeichnis

BE	Bedingungsloses Einkommen
BGE	Bedingungsloses Grundeinkommen
BIP	Bruttoinlandsprodukt
BIZ	Bank für Internationalen Zahlungsausgleich
CBDC	Central Bank Digital Currency
CUC	Cuban Convertible Peso
DiEM25	Democracy in Europe Movement 2025
DPC	Digital Payment Card
EZB	Europäische Zentralbank
HFT	Hochfrequenzhandel
KI	Künstliche Intelligenz
MC	Geldmenge der Komplementärwährung
ÖGB	Österreichischer Gewerkschaftsbund
QE	Quantitative Easing
UBI	Universal Basic Income
VFA	Venture for America
WEF	Weltwirtschaftsforum
ZGE	Zirkulares Grundeinkommen

Geld – was ist das eigentlich?   1

Geld ist jedes allgemein anerkannte Tausch- und Zahlungsmittel.

Es gibt unterschiedliche Geldformen, vor allem Bargeld (Geldmünzen und Banknoten) und Buchgeld bzw. Giralgeld (Zahlungsanspruch gegenüber einer Bank). Das in der Währungsverfassung eines Landes als gesetzliches Zahlungsmittel bestimmte Geld bezeichnet man als Währung. Im Weiteren wird das Wort Geld vorwiegend im Sinne von Währung verwendet.

1.1   Geld ist multifunktional

Geld ist erstens ein Zahlungsmittel und vereinfacht als solches den Tausch von Gütern. Bei einer geringen Anzahl von Gütern mag ein Tausch noch relativ einfach gewesen sein. Wenn zum Beispiel ein Töpfer ein Halsband erwerben will und der Schmuckhersteller keinen Topf, sondern Brot braucht, so findet sich vielleicht ein Dritter, der Brot gegen einen Topf tauschen will, wodurch nach zwei Tauschgeschäften alle zufriedengestellt sind. Durch die allgemeine Anerkennung einer Ware, wie zum Beispiel Getreide, Muscheln oder Edelmetalle, als Zahlungsmittel wird der Mittelsmann überflüssig. So haben sich auch in der Kriegs- und Nachkriegszeit Zigaretten und Nylonstrümpfe als Zahlungsmittel eingebürgert.

Zweitens dient Geld dazu, den Konsum von Gütern auf spätere Zeiten zu verschieben. Geld ist also auch ein Wertaufbewahrungsmittel.

Drittens ist Geld ein Wertmaßstab und eine Recheneinheit.

© Springer Fachmedien Wiesbaden GmbH, ein Teil von Springer Nature 2020   1
E. Lukschandl, *Zirkulares Grundeinkommen und Nullzinspolitik,* essentials,
https://doi.org/10.1007/978-3-658-29468-7_1

1.2　Geldschöpfung

Bargeld, das heißt Münzen und Geldscheine, wird von den Zentralbanken geprägt und gedruckt und über die Geschäftsbanken in Umlauf gebracht.

Giralgeld entsteht hauptsächlich, indem eine Bank einen Kredit vergibt und dem Kreditnehmer den entsprechenden Betrag auf seinem Konto gutschreibt (Giralgeldschöpfung). Hierbei kommt es zu einer Bilanzverlängerung: Die Aktivseite der Bankbilanz wächst um den Kreditbetrag, also die Forderung, die Passivseite wächst um das Kontoguthaben des Kunden, also die Verbindlichkeit.

Das Ausmaß der Giralgeldschöpfung wurde von den Geschäftsbanken jahrelang verschwiegen oder heruntergespielt. Vor ein paar Jahren stellte sich bei einer Umfrage gar heraus, dass 70 % der Abgeordneten des britischen Parlaments glaubten, dass nur der Staat neues Geld erzeugt.

Einige Beobachtungen:

Mario Draghi, der damalige Chef der EZB, hat nach 2015 durch monatliche Käufe von Anleihen von Euromitgliedstaaten (und später auch Unternehmen) im Wert von jeweils 80 Mrd. und später 60 Mrd. EUR insgesamt 2,6 Billionen EUR Zentralbankgeld „in die Märkte gepumpt". Wohlgemerkt: Das Geld war vorher nicht da. Es werde Geld! Fiat Money! Hätte man das Geld auf die 341 Mio. Einwohner der Eurozone aufgeteilt, wäre heute jeder um 7600 EUR reicher. Das Ziel besteht darin, die Inflation zu steigern, um die Wirtschaft anzukurbeln. Draghi hat dies nicht erreicht, weil die Banken das Geld nicht investieren, obwohl sie auf ihre Guthaben Negativzinsen zahlen müssen.

Im April 2015 wurden auf dem Devisenmarkt weltweit pro Tag im Durchschnitt fünftausend Milliarden Dollar umgesetzt.

Beim Hochfrequenzhandel (HFT) handeln nicht Menschen an der Börse, sondern Computerprogramme (Ehrenhauser 2018). Ein solches Programm kauft und verkauft Aktien innerhalb von Millisekunden. Der Anteil des Hochfrequenzhandels an den US-Börsen beträgt zwischen 50 und 70 % des Handelsvolumens.

Im November 2016 hat Indiens Regierung unter Premier Narendra Modi viele indische Banknoten entwerten lassen. Plötzlich waren alle 500- und 1000-Rupien-Scheine als Zahlungsmittel ungültig und mussten umgetauscht werden.

Das soll zum einen zeigen, dass auf der Welt eine riesige Geldmenge existiert, die noch dazu rasant zunimmt. So verdoppelt sich die Geldmenge in der Eurozone alle acht Jahre. Zum anderen wird Geld durch ein Fingerschnippen erzeugt (Draghi) und vernichtet (Modi).

1.3 Komplementärwährungen

Eine Komplementärwährung ist ein Zahlungsmittel, das ergänzenden Charakter hat. Es handelt sich dabei um die Vereinbarung innerhalb einer Gemeinschaft, etwas zusätzlich neben dem offiziellen Geld als Tauschmittel zu akzeptieren.

In ihrer Diplomarbeit aus dem Jahr 2013 geht Stefanie Schmatz ausführlich auf das Thema ein. Im Jahr 2007 gab es weltweit 2600 alternative Währungsmodelle (Schmatz 2013, S. 64).

Dieses außerordentliche Interesse zeigt, dass das herrschende ökonomische System nicht allen Anforderungen gerecht wird.

Das haben sogar die Staaten des ehemaligen Ostblocks erkannt. Zu den Beispielen zählt die offizielle Parallelwährung der DDR, der Forumscheck, wobei eine Forumscheck-Mark einer D-Mark entsprach.

In Kuba gibt es neben dem Cuban Peso Nacional noch den CUC mit einem Wechselkurs von 1:1 zum US-Dollar.

Neben den staatlichen Komplementärwährungen existiert noch eine große Anzahl von Lokalwährungen – davon allein in Deutschland 46, wie zum Beispiel der Chiemgauer, der Elbtaler und der CARLO. Alle haben sie gemeinsam, dass ihr Wert erzwungen verfällt. Der wohl bekanntesten Regionalwährung, dem Wörgler Schilling, ist Kap. 4 gewidmet.

In Japan haben die anhaltenden wirtschaftlichen Probleme seit 1990 zu einer gesetzlichen Lockerung hinsichtlich des Erprobens von Komplementärwährungen geführt.

Der japanische Autor und Wirtschaftsanalytiker Eiichi Morino vergleicht die Komplementarität zwischen dem Yen und den lokalen Zweitwährungen mit dem Yin-und-Yang-Prinzip:[1]

> Deshalb sagen wir, dass eine gut funktionierende Wirtschaft aus Yin-Wirtschaft und Yang-Wirtschaft besteht. [...] Die bestehende Wirtschaft ist jedoch nur als Yang-Wirtschaft konzipiert. [...] In diesem Sinne kann man die Lokalwährung als Yin-Wirtschaft verstehen. [...] Die Yin-Wirtschaft und die Yang-Wirtschaft müssen ineinandergreifen, und so wie das Blut im Körper zirkuliert, sollte auch das Geld in der Wirtschaft zirkulieren.

Eine schöne Allegorie, der man nur zustimmen kann.

---

[1] Zitiert aus https://unterguggenberger.org/page.php?id=28.

1.4 Digitalwährungen von Zentralbanken

Am 22. März 2019 hielt Agustín Carstens, der Direktor *der BIZ,* einen Vortrag mit dem Titel „Die Zukunft von Geld und Zahlungen" (Carstens 2019). Darin stellt er fest, dass etwa 70 % der Zentralbanken die Frage von Zentralbankgeld für Nicht-Banken, also Unternehmen und Bürger, entweder studieren oder sogar damit experimentieren – eine etwas späte Reaktion auf das mittlerweile elf Jahre alte Phänomen von Bitcoin und anderen Kryptowährungen. Bisher haben nur Geschäftsbanken und andere wichtige Finanzinstitute Konten bei den Zentralbanken.

Die Schwedische Reichsbank begann 2017 mit der Untersuchung der Konsequenzen einer Einführung der E-Krone, einer digitalen Krone. Der letzte Rapport erschien im Oktober 2018.[2]

Die Bank von England begann 2015 mit einer solchen Untersuchung, und 2018 gab *Positive Money,* die englische Organisation zur Verbreitung des Vollgeld-Gedankens, eine 30-seitige Broschüre heraus, in der detailliert beschrieben wird, wie man digitales Zentralbankgeld einführen könnte (Clarke 2018). Dieses wäre dann ebenso wie das Bargeld von der Zentralbank gedeckt, ohne es ersetzen zu wollen.

Im Juni 2019 hielt Mark Carney, der Gouverneur der Bank von England, eine selbstkritische Rede mit dem Versprechen, die Bank vollständig modernisieren zu wollen, um den neuen Anforderungen, die Digitalisierung und Klimawandel mit sich bringen, entsprechen zu können. Zugrunde lag eine neun Monate lang andauernde Untersuchung, bei der 300 Unternehmer, Investoren, Konsumentenorganisationen, Wohlfahrtsverbände, Wirtschaftsführer und politische Entscheidungsträger befragt wurden.

Er schloss seine Rede mit der Bemerkung ab, dass die Finanzindustrie nicht Selbstzweck ist, sondern der Real-Ökonomie zu dienen habe.[3]

---

[2]Siehe https://www.riksbank.se/en-gb/payments--cash/e-krona/e-krona-reports/e-krona-project-report-2/. Zugegriffen: 28. August 2019.

[3]https://www.bankofengland.co.uk/-/media/boe/files/speech/2019/enable-empower-ensure-a-new-finance-for-the-new-economy-speech-by-mark-carney.pdf?la=en&hash=DC151B5E6286F304F0109ABB19B4D1C31DC39CD5

1.5   Das Libra-Projekt

Im Mai 2019 registrierte Facebook in Genf die Libra Networks LLC mit dem erklärten Ziel, Blockchain-Techniken zu entwickeln. Danach wurde ein Konsortium mit 28 Mitgliedern gebildet, dem sich unter anderem Visa, Mastercard, PayPal, Spotify, Booking.com, eBay sowie Uber angeschlossen haben. Im Oktober 2019 zogen sich Visa, Mastercard und PayPal daraus zurück.

Das Projekt hat weltweit sehr großes Aufsehen erregt, und sämtliche Zentralbanken befassen sich damit.

Es handelt sich bei Libra zwar um eine Kryptowährung, doch stellt sie kein Spekulationsobjekt wie Bitcoin dar, weil sie an einen Korb mehrerer echter Währungen gebunden sein soll. Sie hat also einen fixen Wechselkurs zum Beispiel zum Euro.

1.6   Die Vollgeldbewegung

Wie bereits erwähnt, werden über 90 % des Giralgeldes von privaten Geschäftsbanken sowie von öffentlich-rechtlichen und genossenschaftlichen Kreditinstituten durch Kreditvergabe aus dem Nichts erschaffen, wofür sie Zinsen erhalten. Vollgeldbewegungen, die es in den meisten europäischen Ländern gibt, finden das nicht richtig und weisen auf die Gesetzeslage hin:

> Als gesetzliches Zahlungsmittel bezeichnet man das Zahlungsmittel, das niemand zur Erfüllung einer Geldforderung ablehnen kann, ohne rechtliche Nachteile zu erleiden. Im Euroraum ist Euro-Bargeld das gesetzliche Zahlungsmittel; nur die Zentralbanken des Eurosystems dürfen es in Umlauf bringen. In Deutschland sind auf Euro lautende Banknoten das einzige unbeschränkte gesetzliche Zahlungsmittel. (Deutsche Bundesbank 2019)

Das Wort Giralgeld kommt nicht vor.

Neues Geld soll also von den Zentralbanken geschaffen und entweder der Staatskasse zur Verfügung gestellt oder an die Bürger als Bürgerdividende ausgeschüttet werden (Huber 2018, S. 165). Das käme einem Einkommen gleich, auch wenn es nicht als bedingungslos bezeichnet werden kann.

1.7   Zusammenfassung

Geld wird als Schuld in die Welt gesetzt, was von vielen Ökonomen als falsch und wirtschaftsfeindlich angesehen wird. Das Wirtschaftswachstum hinkt der durch Kreditvergabe zu niedrigen Zinsen rasant wachsenden Geldmenge weit hinterher.

Komplementärwährungen versuchen, dem im bescheidenen lokalen Rahmen entgegenzuwirken.

Es sind Ansätze festzustellen, eine neue Form von Geld als *Central Bank Digital Currency* (CBDC) einzuführen.

Arbeit versus Tätigkeit oder Beschäftigung 2

In diesem Kapitel sollen die Begriffe Arbeit und Tätigkeit voneinander abgegrenzt werden.

Arbeitet jemand, der einen Strauch pflanzt, ein Auto repariert, ein Kind erzieht, einen Kranken pflegt, singt oder malt? Wenn diese Person dafür kein Entgelt erhält und auch sonst kein Einkommen bezieht, arbeitet sie nicht – sie ist definitionsgemäß ein Arbeitsloser.

Bleiben wir zunächst bei dieser Definition.

2.1 Arbeit ist bezahlte Tätigkeit

Ernst Wigforss, der zwischen 1925 und 1949 mehrmals schwedischer Finanzminister war, wird folgendes Zitat zugeschrieben:[1]

> Wäre das Ziel der gesellschaftlichen Entwicklung, dass alle möglichst viel arbeiten sollten, wären wir geisteskrank. Das Ziel besteht darin, den Menschen frei zu machen, um möglichst viel schaffen zu können. Tanzen. Singen. Was auch immer. Freiheit.

Dazu Karl Marx (deutscher Philosoph, 1818–1883):

> Sowie nämlich die Arbeit verteilt zu werden anfängt, hat Jeder einen bestimmten ausschließlichen Kreis der Tätigkeit, der ihm aufgedrängt wird, aus dem er nicht heraus kann; er ist Jäger, Fischer oder Hirte oder kritischer Kritiker und muss es

---

[1] Siehe http://4.bp.blogspot.com/-VohhaZx3wXY/VoKkdJ2aF7I/AAAAAAAAQ7A/6PTiN-P8AHMg/s1600/wigfors.jpg (eigene Übersetzung).

© Springer Fachmedien Wiesbaden GmbH, ein Teil von Springer Nature 2020
E. Lukschandl, *Zirkulares Grundeinkommen und Nullzinspolitik*, essentials,
https://doi.org/10.1007/978-3-658-29468-7_2

bleiben, wenn er nicht die Mittel zum Leben verlieren will - während in der kommunistischen Gesellschaft, wo Jeder nicht einen ausschließlichen Kreis der Tätigkeit hat, sondern sich in jedem beliebigen Zweige ausbilden kann, die Gesellschaft die allgemeine Produktion regelt und mir eben dadurch möglich macht, heute dies, morgen jenes zu tun, morgens zu jagen, nachmittags zu fischen, abends Viehzucht zu treiben, nach dem Essen zu kritisieren, wie ich gerade Lust habe, ohne je Jäger, Fischer, Hirte oder Kritiker zu werden. (Marx/Engels 1846/1932)

Dagegen glaubte der britische Ökonom John Maynard Keynes (1883–1946), die Menschen wären ohne den Zwang zur Arbeit unzufrieden, und drängte deshalb darauf, die zu verrichtende Arbeit gerecht auf alle zu verteilen (Keynes 1930):

… we shall endeavour to spread the bread thin on the butter – to make what work there is still to be done to be as widely shared as possible. Three-hour shifts or a fifteen-hour week may put off the problem for a great while. For three hours a day is quite enough to satisfy the old Adam in most of us!

Übersetzt:

… wir müssen danach streben, das Brot dünn auf die Butter zu verteilen, um die Arbeit, die noch zu verrichten ist, möglichst zu verteilen. Drei-Stunden-Schichten oder eine Fünfzehnstundenwoche würden das Problem ein wenig aufschieben. Denn drei Stunden am Tag reichen aus, den alten Adam in uns zufriedenzustellen!

Arbeit als notwendiges Übel, als Weg zur Selbstverwirklichung, als Zeitvertreib – wie immer man es betrachtet, unabhängig davon hat der menschliche Erfindungsgeist dazu geführt, dass immer mehr Maschinen den Menschen Arbeit abnehmen. Leider wird meistens das Wort *wegnehmen* verwendet. Die Arbeiten, die die Maschinen den Menschen abnehmen, sind meist monoton oder anstrengend und ungeliebt. Was die Maschinen den Menschen dagegen wirklich wegnehmen, ist das Einkommen, was bisher meist nur unzureichend kompensiert wird.

Anfangs haben Wasserkraftmaschinen, danach Dampfmaschinen die Muskelkraft ersetzt, dann kamen die automatischen Webstühle, die die menschliche Fingerfertigkeit übertrafen, und die erste industrielle Revolution in der Mitte des 18. Jahrhunderts war im Gange.

1954 erhielt George Devol in den USA das Patent für den ersten Industrieroboter, 1959 stellte die Firma *Planet Corporation* den ersten kommerziellen Roboter her. Er wurde für Schweißaufgaben eingesetzt.

1956 schrieb Arthur L. Samuel ein Programm für den IBM 704, das Dame spielen und sich dabei selbstständig verbessern konnte.

Im Sommer 1956 fand am Dartmouth College in New Hampshire ein sechs-wöchiger Workshop statt, in welchem der Begriff *Künstliche Intelligenz* ein-geführt wurde.

Bisher hat die Geschichte gezeigt, dass mit dem Verschwinden von Arbeits-plätzen stets neue auftauchten. So brachte die Mechanisierung mit sich, dass das Arbeitsvolumen in der Landwirtschaft sank, das in den Fabriken jedoch anstieg – zumindest zunächst. Als die Industrieroboter programmierbar und intelligenter wurden, verschwanden viele Jobs, und nach einer Studie des *Weltwirtschafts-forums* (WEF) aus dem Jahre 2018[2] werden bis 2022 unterm Strich 75 Mio. Arbeitsplätze verschwinden und gleichzeitig 133 Mio. dazukommen. Eine andere Studie (*Die Zukunft der Arbeitsplätze* 2018)[3] besagt, dass im Jahr 2025 Maschi-nen mehr Arbeitsstunden erledigen werden als Menschen. Heute betrage der Anteil 29 %.

Alles in allem hat die Entwicklung dazu geführt, dass sich die Zahl der Arbeitsstunden pro Jahr und Erwerbstätigem von 2640 im Jahr 1950 auf 1362 im Jahr 2018 fast halbiert hat.

2.2   Unbezahlte Tätigkeit

Zum monetären Wert von (unbezahlter) Haushaltsarbeit stellt das Statistische Bundesamt fest:[4]

> Selbst bei einer vergleichsweise vorsichtigen Bewertung beträgt der Wert der unbezahlten Arbeit etwa ein Drittel der im Bruttoinlandsprodukt ausgewiesenen Bruttowertschöpfung.

Gemessen am deutschen BIP von 2017 wären das rund 1000 Mrd. EUR. So viel würde es kosten, wenn alternativ Arbeitskräfte dafür bezahlt werden müssten.

Insgesamt galt für das Jahr 2013, dass 89 Mrd. h unbezahlter Tätigkeit nur 66 Mrd. h bezahlter Tätigkeit gegenüberstanden.

Die orthodoxe Ökonomik bezeichnet das BIP als eine der wichtigsten Grö-ßen, obwohl bei der Berechnung desselben die unbezahlten Tätigkeiten nicht

---

[2]https://www.weforum.org/agenda/2018/09/future-of-jobs-2018-things-to-know/

[3]http://reports.weforum.org/future-of-jobs-2018/files/2018/09/FoJ18_De.pdf

[4]Siehe https://www.destatis.de/DE/Methoden/WISTA-Wirtschaft-und-Statistik/2016/02/ unbezahlte-arbeit-022016.pdf?__blob=publicationFile&v=3.

einfließen. Das BIP gilt als Maßstab des Wohlstandes eines Landes. Dabei hat bereits 1968 Robert Kennedy festgestellt: „Das Bruttoinlandsprodukt misst alles außer dem, was das Leben lebenswert macht."[5]

2.3   Zusammenfassung

Die genannten Zahlen sollen einer der Behauptungen der Gegner des BGE widersprechen, mit dessen Einführung würden sich die meisten Bezieher „in die Hängematte legen". Das Gegenteil ist der Fall: Noch mehr würden sich ehrenamtlichen Tätigkeiten widmen, statt ungeliebte Arbeiten verrichten zu müssen.

---

[5]Siehe https://www.goodreads.com/author/quotes/98221.Robert_F_Kennedy.

Das Bedingungslose Grundeinkommen 3

Zwar gibt es viele verschiedene Modelle des Bedingungslosen Grundeinkommens (BGE), doch der Kern ist stets der gleiche:

- Es ist ein Einkommen, welches jeder Bürger durch den Staat erhält.
- Es ist bedingungslos, das heißt, jede Person erhält es unabhängig von Alter, Geschlecht und Einkommen.
- Es ist hoch genug, um die Grundbedürfnisse jeder Person befriedigen zu können.

Fragt man Personen, was sie vom BGE halten, so erhält man meist emotionale, reflexartige Antworten:

Die Neidischen	„Wieso auch die Reichen – die haben ohnedies schon genug …"
Die Besorgten	„Wer wird die unbeliebten Arbeiten verrichten?"
Die Egoisten	„Ich habe widerwillig gearbeitet, aber es hat mir nicht geschadet – also sollen es die anderen auch tun."
Die Anmaßenden	„Ich weiß ja, was ich tun würde, aber die anderen würden aufhören zu arbeiten und sich bloß in die Hängematte legen."
Die Religiösen	„Ora et labora (bete und arbeite)!" Oder: „Im Schweiße Deines Angesichts sollst Du Dein Brot essen."
Die Ernstzunehmenden	„Wer soll das bezahlen?"

Auf letztere Frage gibt dieses *essential* die Antwort.

© Springer Fachmedien Wiesbaden GmbH, ein Teil von Springer Nature 2020   11
E. Lukschandl, *Zirkulares Grundeinkommen und Nullzinspolitik,* essentials,
https://doi.org/10.1007/978-3-658-29468-7_3

3.1   Zielsetzungen

Das Hauptziel geht aus dem Artikel 22 (Recht auf soziale Sicherheit) der Allgemeinen Erklärung der Menschenrechte hervor:

> Jeder hat als Mitglied der Gesellschaft das Recht auf soziale Sicherheit und Anspruch darauf, durch innerstaatliche Maßnahmen und internationale Zusammenarbeit sowie unter Berücksichtigung der Organisation und der Mittel jedes Staates in den Genuss der wirtschaftlichen, sozialen und kulturellen Rechte zu gelangen, die für die eigene Würde und die freie Entwicklung der eigenen Persönlichkeit unentbehrlich sind.[1]

Es geht um die Menschenwürde. Niemand soll gezwungen sein, unter unwürdigen Bedingungen zu arbeiten oder erniedrigend um Unterstützung anzusuchen. Die Stigmatisierung von Erwerbslosen soll beendet werden.

3.2   Allgemeine Anforderungen an das BGE

Das am häufigsten angeführte Argument ist die Vereinfachung des Systems der Sozialleistungen des Staates. Das heutige Sozialsystem ist bürokratisch und ineffizient, und eine Reform durch die Einführung des BGE würde die Verwaltungskosten senken.

Die Einkommensschere zwischen Arm und Reich öffnet sich mehr und mehr. Das BGE soll dem entgegenwirken. Die in den letzten Jahren stattfindende Umverteilung von unten nach oben soll gewendet werden.

Manche erwarten sich die Befreiung von Frauen, die aus wirtschaftlichen Gründen an einen ungeliebten Ehemann gefesselt sind.

Untersuchungen haben ergeben, dass Roboter und KI in Zukunft viele Arbeitsplätze kosten werden. Es besteht die Gefahr, dass das jetzige Sozialsystem dem nicht gewachsen sein wird.

---

[1]Siehe   https://www.menschenrechtserklaerung.de/soziale-sicherheit-und-menschenwuerde-3661/. Zugegriffen: 28. August 2019.

3.3   Die Einwände der Gegner

Daniel Häni, Mit-Initiator der Schweizer Volksinitiative *Für ein bedingungsloses Grundeinkommen,* welche im Juni 2016 23,1 % Zustimmung fand, stellt in seinem Buch *Was fehlt, wenn alles da ist* (Häni 2015) 26 Befürwortern 26 Gegner gegenüber. Unter diesen Personen befinden sich unter anderem sehr bekannte Politiker und Ökonomen aus der Schweiz und Deutschland, wie zum Beispiel Angela Merkel, Thilo Sarrazin und Sahra Wagenknecht – die übrigens alle zu den Gegnern zählen.

Von den Politikern sind elf dagegen und sechs dafür, von den Ökonomen vier dagegen und drei dafür, von den Journalisten sieben dagegen und zwei dafür. Drei ablehnenden Philosophen stehen drei befürwortende Soziologen gegenüber.

In seinem Buch *Basic Income and the Left* (Parijs 2018) stellt Philippe Van Parijs, ein belgischer Philosoph und Ökonom, der einen Lehrstuhl für Ökonomie und Sozialethik an der Universität Louvain in Belgien leitete und als Gastprofessor an der Harvard-Universität lehrte, 16 Essays zum Thema BGE vor, wobei sechs Gegner dem politischen linken Lager zuzuschreiben sind. Die übrigen zehn Artikel widerlegen deren Einwände.

Christoph Butterwegge lässt in seinem Buch *Grundeinkommen kontrovers* (Butterwegge 2018) zunächst sechs Anhänger des BGE zu Wort kommen, um danach sechs Autoren als Gegnern – darunter er selbst – Raum zu bieten, um die Argumente für das BGE zu widerlegen.

Lieselotte Wohlgenannt, Sozialwissenschaftlerin und wissenschaftliche Mitarbeiterin der Katholischen Sozialakademie Österreichs, legt in ihrem Buch *Grundeinkommen ohne Arbeit* (2016) 22 Einwände gegen das BGE vor und widerlegt diese.

Viele der Einwände basieren letzten Endes auf der Finanzierung. Warum sollen Arbeitende für Arbeitsscheue bezahlen? Dieses *essential* zeigt, dass das nicht der Fall sein muss.

Die Einwände der Linken beruhen hauptsächlich auf der Furcht, das BGE würde die Errungenschaften des Sozialstaates zunichtemachen. Vor allem wird das dem bekanntesten Befürworter in der Industrie, dem Drogerieketten-Inhaber Götz Werner vorgeworfen, der 2010 ein Buch über das BGE geschrieben hat (Werner 2010). Befürchtungen dieser Art sind nicht gerechtfertigt, wenn man ein Modell wählt, bei welchem zwar viele Transferleistungen, wie zum Beispiel Hartz IV, bei der Einführung des BGE gestrichen werden, nicht aber die Leistungen der Krankenkassen und – wenn auch bedingt – die Leistungen der Rentenversicherungen und der Arbeitslosenkassen.

Den meisten Gegnern aus der Politik geht es um die Begriffe Bedarfsprinzip, Leistung und Eigenverantwortung. Sie sind oftmals zu sehr mit kurzfristigen Lösungen beschäftigt und stecken hoffnungslos in der Gegenwart fest. Ihnen ist nicht bewusst, dass dem gesellschaftlichen Fortschritt stets Utopien vorangegangen sind. War nicht die Sklavenhaltung eine mit dem Gesetz konforme Selbstverständlichkeit? Und vor dem Reichskanzler Otto von Bismarck in den 1880er-Jahren gab es weder eine gesetzliche Krankenversicherung noch eine Unfall- oder Rentenversicherung.

Lassen Sie uns in die nähere Vergangenheit in Bezug auf Frauenrechte blicken:

- 1956 wurde das Lehrerinnenzölibat-Gesetz in Baden-Württemberg abgeschafft, nach dem Lehrerinnen im Falle einer Heirat aus dem Staatsdienst ausscheiden mussten.
- Vor 1957 durfte eine Frau ohne Erlaubnis ihres Mannes keine Erwerbstätigkeit aufnehmen.
- 1958 trat das Gesetz in Kraft, das dem Mann das Recht nahm, allein über das von seiner Frau in die Ehe mitgebrachte Vermögen sowie deren Einkünfte aus einer Erwerbstätigkeit zu verfügen.
- 1971 wurde das Frauenstimmrecht in der Schweiz eingeführt.

Die Beispiele sollen zeigen, dass zuvor undenkbare Dinge nach heftigem Widerstand eingeführt werden konnten. Heute sind sie selbstverständlich und werden von uns als richtig empfunden.

Das Bedarfsprinzip ist überholt und gehört abgeschafft. Und die veraltete Idee *Recht auf Arbeit* gehört korrigiert. Man hat das Recht auf Einkommen – nicht auf Arbeit.

3.4 Die Befürworter – Einzelpersonen und Organisationen

Sascha Liebermann ist Professor für Soziologie an der Alanus Hochschule für Kunst und Gesellschaft in Alfter. Im Jahr 2003 gründete er mit anderen die Initiative *Freiheit statt Vollbeschäftigung* und begann 2006, kurze Beiträge über das BGE zu verfassen, die er 2015 in einem Buch zusammengefasst hat (Liebermann 2015).

Richard David Precht ist ein deutscher Philosoph und Publizist sowie Honorarprofessor für Philosophie und Ästhetik an der Hochschule für Musik in Berlin. Das Buch *Wer bin ich – und wenn ja, wie viele?* von 2007 stand viele

Jahre auf den Sachbuch-Bestsellerlisten. 2018 erschien sein Buch *Jäger, Hirten, Kritiker,* in dem er die Themen Arbeit, Industrie 4.0 und KI eingehend behandelt und das BGE vorschlägt (Precht 2018).

Yanis Varoufakis, geboren 1961 in Athen, studierte Wirtschaftsmathematik an der Universität Essex und mathematische Statistik an der Universität Birmingham. Zwischen Januar und Juli 2015 war er griechischer Finanzminister unter Premierminister Alexis Tsipras. Er trat zurück, weil er die Austeritätspolitik, die die Eurogruppe Griechenland auferlegt hatte, nicht teilte. Noch im gleichen Jahr gründete er gemeinsam mit dem kroatischen Philosophen Srećko Horvat die DiEM25 (Democracy in Europe Movement 2025), in deren Programm man auch die Einführung des BGE findet. Sein Buch *Time for Change – Wie ich meiner Tochter die Wirtschaft erkläre* (Varoufakis 2015) räumt mit der Behauptung auf, Wirtschaft und Finanzpolitik wären zu komplexe Themen, um von den Bürgern verstanden zu werden.

Andrew Yang, geboren 1975 als Sohn taiwanesischer Immigranten, studierte Ökonomie an der Brown University in Rhode Island und Juridik an der Columbia Law School. Im Jahr 2011 gründete er die gemeinnützige Organisation VFA (Venture for America) mit dem Ziel, die besten Hochschulabsolventen der Nation zu Unternehmern auszubilden. Ende 2017 trug er sich bei der Federal Election Commission, der US-amerikanischen Wahlbehörde, als Präsidentschaftskandidat für die Wahl 2020 ein. Er befürwortet die Einführung einer CO_2-Steuer, der staatlichen Krankenversicherung und vor allem des Universal Basic Income (UBI), welches er Freedom Dividend (Freiheitsdividende) nennt und das 1000 US$ monatlich ausmachen soll.

Facebook-Chef Mark Zuckerberg und der Tesla- und SpaceX-Gründer Elon Musk unterstützen ihn.

Philippe Van Parijs gründete 1986 das BIEN (Basic Income Earth Network) und ist Mitglied im Wissenschaftlichen Beirat des *Netzwerk Grundeinkommen,* der deutschen Organisation im BIEN. Er ist Autor bzw. Herausgeber von fünf Büchern über das BGE und andere ethische Reformen. Im Jahr 2001 erhielt er den Francqui-Preis, die höchste belgische akademische Auszeichnung.

Die Organisation *BIEN* wurde 2017 als Dachorganisation von über 30 nationalen Gruppen gegründet, die zum Teil seit Ende des 20. Jahrhunderts in verschiedenen Ländern existieren. In Deutschland gibt es seit 2004 das *Netzwerk Grundeinkommen*[2], in Österreich seit 2002 das *Netzwerk: Grundeinkommen und*

---

[2]Siehe https://www.grundeinkommen.de/. Zugegriffen: 28. August 2019.

sozialer Zusammenhalt, B.I.E.N. Austria[3] sowie *Generation Grundeinkommen*[4] und in der Schweiz seit 2001 die *B.I.E.N. – CH, Das schweizerische Grundeinkommens-Netzwerk*[5] sowie *Grundeinkommen*[6].

In Schweden trat die Partei Basinkomstpartiet im Jahr 2018 bei den Reichstagswahlen an und erhielt 1 % der Stimmen. In einigen Ländern Europas existieren Piratenparteien. Sie befürworten das BGE. In Deutschland gelang es der Piratenpartei im Mai 2019, einen Sitz im Europaparlament zu erringen, in Tschechien waren es drei Sitze.

Im Juni 2016 fand in der Schweiz eine Volksabstimmung zur Einführung des BGE statt. Schweizweit haben 23,1 % der Teilnehmer der Vorlage zugestimmt. Im Kanton Basel Stadt waren 36 % dafür, in einigen Städten fanden sich sogar Mehrheiten.

3.5   Experimente unter BGE-ähnlichen Voraussetzungen

Eine der bekanntesten Organisationen, die sich dem Thema BGE widmen, ist GiveDirectly. Diese Organisation lässt extrem armen Familien aus ausgewählten Dörfern in Kenia, Uganda und Ruanda via Smartphones Geld zukommen. Im November 2017 startete sie ein Projekt, welches über zwölf Jahre laufen soll.

In Alaska existiert seit 1977 der Alaska Permanent Fund, wonach 25 % der Einkünfte aus dem Erdölgeschäft allen Bürgern zugutekommen. Bei der Einführung erhielt jeder Bürger 300 bis 400 US$ jährlich. Im Jahr 2008 wurde mit 2000 US$ der Höhepunkt erreicht.

In Finnland lief vom 1. Januar 2017 bis zum 31. Dezember 2018 ein Experiment, bei dem 2000 arbeitslose Staatsbürger je 560 EUR pro Monat erhielten. Unter anderem sollte hierdurch herausgefunden werden, ob sie eher einen Arbeitsplatz finden konnten als eine Vergleichsgruppe. Das Ergebnis war negativ. Auch wenn das Experiment unter der Flagge des BGE lief, hat es damit sehr wenig zu tun, denn bereits die Zielsetzung ist eine völlig andere.

---

[3]Siehe http://www.grundeinkommen.at/basicincome/. Zugegriffen: 28. August 2019.

[4]Siehe https://fuereinander.jetzt/, Zugegriffen: 28. August 2019.

[5]Siehe https://bien.ch/de. Zugegriffen: 28. August 2019.

[6]Siehe https://www.grundeinkommen.ch/. Zugegriffen: 28. August 2019.

3.6   Zusammenfassung

Das Thema BGE hat in den letzten Jahren an Fahrt aufgenommen und internationale Aufmerksamkeit gefunden. In allen politischen und wirtschaftlichen Lagern finden sich sowohl Befürworter als auch Gegner. Die Einwände lassen sich hauptsächlich in zwei Gruppen einteilen: in ökonomische sowie moralisch-ethische. Die ökonomischen Einwände können mit dem *Zirkularen Grundeinkommen* (ZGE) ausgeräumt werden. Eine große Anzahl von Experimenten hat zudem gezeigt, dass die allermeisten Menschen durch ein BGE körperlich und geistig gesünder werden und die gewonnene Zeit zum Wohle der Gesellschaft anwenden.

Aus der Geschichte lernen: Das Wunder von Wörgl   4

4.1   Vorläufer

Im Jahr 1919 – ein Jahr nach dem Ende des Ersten Weltkrieges – wurden in Österreich Münzen immer rarer, was dazu führte, dass das damalige Finanzministerium den Gemeinden die Erlaubnis erteilte, Kleingeld in Form von Notgeldscheinen zu drucken. So wurden in Wörgl, einer kleinen Marktgemeinde in Tirol, Scheine im Wert von 10, 20, 30, 50, 75 und 90 Heller in Umlauf gebracht, die es ein Jahr lang gab.

4.2   Die Weltwirtschaftskrise

Zehn Jahre später schlug die Weltwirtschaftskrise auch in Wörgl zu. Es befand sich immer weniger Geld im Umlauf. Die örtliche Zement- und Zellulosefabrik erhielt immer weniger Aufträge. Von den 4200 Einwohnern waren 400 arbeitslos, die Gemeindekasse leer.

Zu diesem Zeitpunkt wurde ein Wohlfahrtsausschuss ins Leben gerufen, und im Juli 1923 beschloss die Gemeindeverwaltung unter Bürgermeister Unterguggenberger die Herausgabe von sogenannten Arbeitswertscheinen, dem Wörgler Schilling, mit Werten von 1, 5 und 10 Schilling. Insgesamt wurden 32.000 sogenannte Notschilling gedruckt.

Damit dieses Geld nicht ebenfalls gehortet wurde, griff Unterguggenberger eine Idee auf, die von dem Deutschen Silvio Gesell stammte und die dieser 1916 in seinem Buch *Die natürliche Wirtschaftsordnung durch Freiland und Freigeld* dargelegt hatte: Der Staat sollte Geld erzeugen, welches monatlich an Wert verliert.

© Springer Fachmedien Wiesbaden GmbH, ein Teil von Springer Nature 2020   19
E. Lukschandl, *Zirkulares Grundeinkommen und Nullzinspolitik*, essentials,
https://doi.org/10.1007/978-3-658-29468-7_4

Unterguggenberger wählte einen Abwertungsfaktor von einem Prozent pro Monat. Damit der Schein seinen Wert behält, musste man Marken kaufen und an den dafür vorgesehenen Stellen aufkleben. Bei einem Zehn-Schilling-Schein kostete die Marke also 10 Groschen. Der Erlös ging an einen Armenfonds.

Der Erfolg war enorm. Die Gemeinde begann mit umfangreichen Bauprogrammen, wobei die Arbeiter mit dem Schwundgeld bezahlt wurden. So wurden Straßen asphaltiert, Brücken gebaut und eine Sprungschanze errichtet. Die Geschäftsleute begannen nach und nach, das Geld zu akzeptieren, und beglichen damit ihre zum Teil beträchtlichen Steuerrückstände.

Die Arbeitslosenrate sank von 21 auf 15 %, während sie im Umland stieg, die Steuereinnahmen der Gemeinde stiegen um 34 %, und die Zunahme der Investitionen durch die Gemeinde betrug 220 %.

Diese Erfolge wurden auch in der internationalen Presse gewürdigt und als *Das Wunder von Wörgl* bezeichnet. Der Ruf gelangte sogar nach Frankreich, und dessen Finanzminister und späterer Ministerpräsident Édouard Daladier reiste nach Wörgl, um das Phänomen zu studieren. In den USA machte der Wirtschaftswissenschaftler Irving Fisher der amerikanischen Regierung den Vorschlag, ein Wörgl-ähnliches Schwundgeld mit dem Namen *Stamp Scrip* zur Überwindung der Wirtschaftskrise einzuführen, der jedoch nicht angenommen wurde.

Die österreichische Nationalbank klagte beim Verwaltungsgerichtshof. Die Wörgler verstießen demnach gegen geltendes Recht und das Geldmonopol der Nationalbank. Der Klage wurde stattgegeben und das Schwundgeld wurde abgeschafft, worauf die Wirtschaft in Wörgl wieder stagnierte.

Später wurde berechnet, dass während der 14 Monate, die das Experiment lief, im Durchschnitt 5500 Schilling im Umlauf waren, die 464-mal umgelaufen sind, was einer Wirtschaftskraft von 2,5 Mio. Schilling entsprach. Auf heutige Verhältnisse umgerechnet wären dies fünf Millionen Euro.

4.3   Zusammenfassung

Wirtschaftskraft hängt von der Geldmenge und der Umlaufgeschwindigkeit des Geldes ab, wie das Experiment von Wörgl gezeigt hat.

Die Einführung des Zirkularen Grundeinkommens

5

5.1 Implementation von Schwundgeld

Die Implementation der Idee des Schwundgeldes in einem bestimmten Land geschieht folgendermaßen:

Die Zentralbank kreiert eine digitale Komplementärwährung nach dem Vorbild einer CBDC. Für den Euroraum soll sie zum Beispiel C-Euro heißen, in anderen Ländern C-Dollar, C-Pfund, C-Franken oder C-Krone. (Das „C" soll die Gedanken zu „Consume" oder „Central" führen.) Im Unterschied dazu sei der „normale" Euro Spar-Euro oder S-Euro genannt.

Dazu wird bei der Zentralbank für alle Bürger ein spezielles Konto – das C-Euro-Konto – eingerichtet. C-Konten dürfen nicht überzogen werden.

Für alle Unternehmen, die in dem Land ihren Firmensitz haben, wird ebenfalls für jedes existierende Giro-Konto ein paralleles C-Euro-Konto geschaffen.

Jeweils zu Monatsbeginn wird das Guthaben auf den C-Konten aller Bürger automatisch um bestimmte Summen erhöht – in unserem Beispiel der Einfachheit halber das der Erwachsenen um 1000 C-Euro, das der Kinder um 500 C-Euro –, was von einer zu implementierenden Software durchgeführt wird, die man zum Beispiel PLUVIA (lat.: Regen) nennen könnte.

Am Monatsende vermindert PLUVIA das Guthaben auf allen C-Konten – also auch das der Unternehmen – automatisch um 10 %, was eine Art von Negativzinsen darstellt.

© Springer Fachmedien Wiesbaden GmbH, ein Teil von Springer Nature 2020 21
E. Lukschandl, *Zirkulares Grundeinkommen und Nullzinspolitik*, essentials,
https://doi.org/10.1007/978-3-658-29468-7_5

5.2　Systemdefinition

Je nachdem, welche Teilnehmer dazu verpflichtet sind, Bezahlungen in C-Euro entgegenzunehmen, entstehen Systeme verschiedener Größe und Komplexität.

- Das einfachste sinnvolle System besteht nur aus den Bürgern und den Unternehmen, wobei Gehälter nicht in C-Euro ausgezahlt werden dürfen.
- Im nächstgrößeren System fällt diese Einschränkung weg, das heißt, auch Gehälter dürfen in C-Euro bezahlt werden.
- Letztlich kann man den Staat, Länder und Gemeinden mit einbeziehen, das heißt, diese erhalten ebenfalls C-Konten bei der Zentralbank, auf die Steuern und Abgaben einbezahlt und von denen Ausgaben beglichen werden können.

Um das neue System möglichst störungsfrei in ein bestehendes System, zum Beispiel das eines Wohlfahrtsstaates, einzubetten, soll von der zweiten Variante ausgegangen werden, sodass weder in die Steuergesetze noch in die Sozialleistungen des Staates eingegriffen werden muss.

5.3　Die Dynamik der Geldflüsse

Um absolute Vergleiche ziehen zu können, soll Österreich als Beispielstaat herangezogen werden.

Österreich hat etwa 8,7 Mio. Einwohner, und an diese werden monatlich acht Milliarden C-Euro[1] auf ihre C-Konten einbezahlt, womit sie ihre Einkäufe tätigen und Rechnungen bezahlen.

Nach dem ersten Monat befinden sich also acht Milliarden C-Euro über alle C-Konten der Wirtschaftsteilnehmer im System verteilt.

Um null Uhr zu Beginn des zweiten Monats verlieren alle C-Guthaben zehn Prozent an Wert – das sind 800 Mio. EUR; übrig bleiben also 7,2 Mrd. EUR. Gleich darauf werden auf die C-Konten der Bürger wiederum 8 Mrd. gutgeschrieben. Das heißt, dass die C-Geldmenge, MC, bis zum nächsten Monatsende 15,2 Mrd. beträgt.

Die Zahlen bilden eine geometrische Reihe

$$8 \ + \ 8 \times 0{,}9 \ + \ 8 \times 0{,}81 \ + \ 8 \times 0{,}729 \ \ldots$$

---

[1]Der Einfachheit halber wird in diesem Beispiel auf acht Milliarden C-Euro abgerundet.

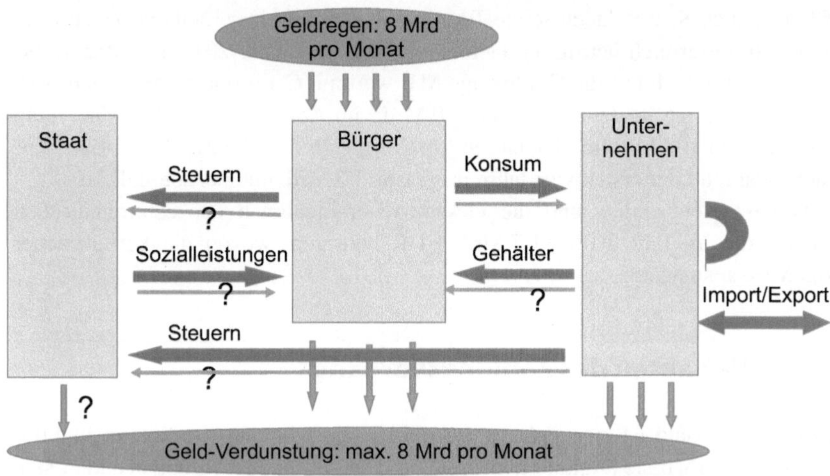

Abb. 5.1   Geldflüsse

mit dem Grenzwert 80 Mrd. Es können nicht mehr werden, weil dann der Zuwachs von acht Milliarden durch einen Wertverlust derselben Höhe kompensiert wird. Der Grenzwert wird nach etwa vier Jahren erreicht.

Abb. 5.1 zeigt die Geldflüsse.

Die dicken Pfeile stellen den derzeitig bestehenden Geldkreislauf dar (also S-Euro).

Das ZGE addiert den C-Euro-Kreislauf, hier dargestellt durch Regen- bzw. Verdunstungsobjekte sowie die senkrechten Pfeile. Die Fragezeichen kennzeichnen die drei Varianten:

- Staat ausgeschlossen, Gehälterzahlungen nur in S-Euro
- Staat ausgeschlossen, Gehälterzahlungen auch in C-Euro
- Staat ebenfalls Teilnehmer am System des ZGE.

Es ergibt sich die Frage, in welches Umfeld das C-Euro-System eingebettet ist, das heißt, wie viel Geld es in Österreich insgesamt eigentlich gibt.

Die EZB kategorisiert Geld in sogenannte Geldmengen.[2] Die Geldmenge M0 umfasst das Bargeld, die Geldmenge M1 zusätzlich das Giralgeld, die Geldmenge

---

[2]Siehe https://tagesgeld.info/statistiken/geldmenge/. Zugegriffen: 28. August 2019.

M2 zusätzlich Spareinlagen sowie Termineinlagen mit einer Laufzeit bis zu zwei Jahren. In Österreich betrug die Geldmenge M2 im Januar 2018 335 Mrd. EUR. Relevant ist jedoch nur die Geldmenge M1, weil mit C-Euro ja nicht gespart werden kann. Sie lag im Jahr 2014 bei 140 Mrd., im April 2018 bei 242 Mrd. – ein Zuwachs von 102 Mrd. in vier Jahren.[3] Im Vergleich dazu beträgt der C-Euro-Zuwachs während der ersten vier Jahre insgesamt 80 Mrd. und danach null.

Weitere Kennzahlen sind die Gesamtsteuereinnahmen des österreichischen Staates, die im Jahr 2015 81,7 Mrd. EUR betrugen, wovon die Umsatzsteuer 26,3 Mrd. ausmachte.

5.4   Varianten des Zahlungsvorgangs

An jedes C-Konto ist eine C-Karte gekoppelt, die wie eine Kreditkarte funktioniert – nennen wir sie Digital Payment Card (DPC). Bei Barzahlungen ändert sich nichts.

Bei Kartenzahlungen gibt es mehrere Varianten:

- Zahlung vorwiegend mit C-Euro. Bei Kartenzahlung im Supermarkt oder Bezahlung via Internet wird einfach die bisher verwendete Kreditkarte durch die DPC ersetzt. Hinter den Kulissen geschieht Folgendes: PLUVIA vergleicht den zu bezahlenden Betrag mit dem Guthaben auf dem C-Konto. Ist genügend Geld vorhanden, überweist das System den Betrag auf das C-Konto des Empfängers. Falls nicht, überweist es den fehlenden Betrag vom normalen Girokonto des Zahlenden an das des Empfängers, wobei gegebenenfalls die üblichen Regeln für das Überziehen gelten.
  Diese Variante kann zu unerwünschten Effekten führen, denn durch die Reihenfolge, in der eine Serie von Zahlungen durchgeführt wird, wird ja bestimmt, welcher Empfänger durch den Erhalt von C-Euro benachteiligt wird. Auch besteht die Gefahr, dass die Ärmsten der Bevölkerung nie Spar-Euro erhalten, wenn der Staat die Sozialleistungen nur in C-Euro ausbezahlt. Ein arbeitsloser Österreicher bekäme dann 1000 EUR Grundeinkommen plus 863 EUR Mindestsicherung[4]. Das wären zwar insgesamt 1863 EUR – aber eben nur C-Euro. Für eine bedürftige Alleinerziehende mit einem Kind kämen

---

[3]Siehe https://de.tradingeconomics.com/austria/money-supply-m1. Zugegriffen: 28. August 2019.

[4]In diesem Beispiel werden die aktuellen Beträge für die Mindestsicherung verwendet.

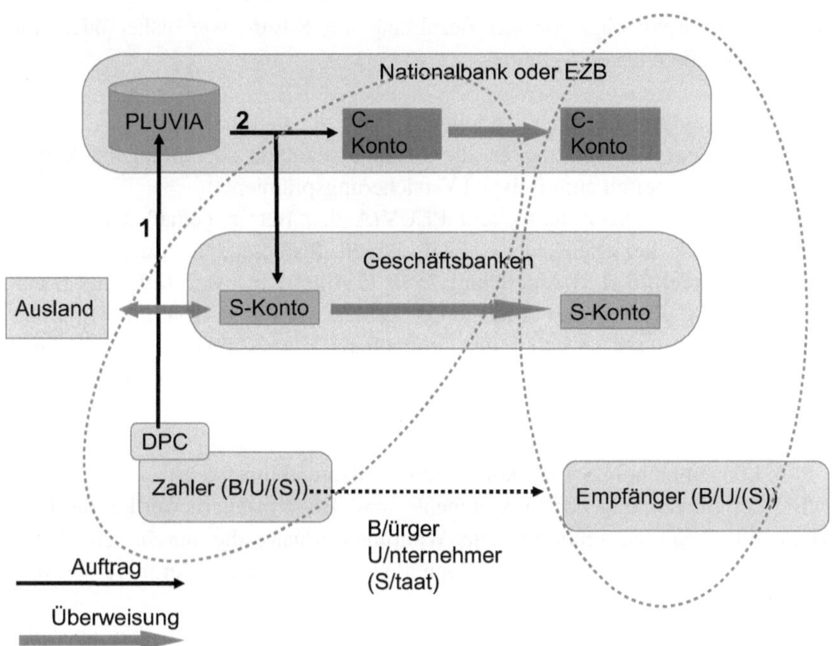

Abb. 5.2 Zahlungen zwischen den Wirtschaftsteilnehmern

noch 500 plus 233 EUR dazu, was zusammen immerhin 2596 EUR ausmacht. Doch sich zum Beispiel ein Auto anzuschaffen, dürfte sich schon als schwierig herausstellen.

- Proportional-Zahlung. Sie schafft in Bezug auf die Probleme bei überwiegender C-Euro-Zahlung Abhilfe. Bei dieser Variante müssen alle Zahlungen aus einem C-Euro-Betrag sowie einem Spar-Euro-Betrag zusammengesetzt sein – etwa im Verhältnis der zu diesem Zeitpunkt im Umlauf befindlichen Geldmengen MC und M1.

Die Abb. 5.2 zeigt, wie Zahlungen in diesem Modell erfolgen: Ein Wirtschaftsteilnehmer will an einen anderen einen bestimmten Betrag überweisen beziehungsweise eine Rechnung bezahlen. Dazu verwendet er eine Digital Payment Card, die wie eine Kreditkarte funktioniert oder eine App. Gleichgültig, ob er den Auftrag über das Internet tätigt oder über das Terminal eines Geschäftes, wird der Auftrag an die zentrale Software PLUVIA übermittelt (Pfeil 1). Es gibt

zwei Auftragsarten: eine normale Bezahlung mit S-Euro wie bisher oder eine
Zahlung nach dem neuen System.

- Bei einer S-Euro-Bezahlung erteilt PLUVIA der Geschäftsbank des Zahlers
  einen Überweisungsauftrag an die Geschäftsbank des Empfängers. Solche
  Zahlungen betreffen zum Beispiel Versicherungsprämien.
- Bei einer C/S-Euro-Zahlung teilt PLUVIA den Betrag gemäß der von der
  Nationalbank beziehungsweise EZB aktuell festgesetzten Aufteilungsregel
  (zum Beispiel 75 % S-Anteil und 25 % C-Anteil) in zwei Teile und trans-
  feriert den C-Betrag vom C-Konto des Zahlers auf das C-Konto des Empfängers. Des Weiteren erteilt sie der Geschäftsbank des Zahlers wie oben einen
  entsprechenden Überweisungsauftrag an die Geschäftsbank des Empfängers
  (Pfeil 2).

C-Euro können nicht in S-Euro konvertiert werden und umgekehrt.

Bei der Berechnung der Einkommens- bzw. Erwerbsteuern werden die Guthaben auf C-Konten ignoriert. Die Währungsverluste, die durch den Verfall
der C-Euro-Guthaben entstehen, könnten wie auch heutige derartige Verluste
behandelt werden.

Eine interessante Frage ist die der Verteilung der C-Euro-Guthaben über alle
C-Konten der Wirtschaftsteilnehmer.

Besteht ein Zusammenhang zwischen dem Verhältnis der Geldmengen MC
und M1 beziehungsweise den Einlagen auf den C-Konten und den Girokonten der
jeweiligen Wirtschaftsteilnehmer? Mögen die Ökonomen das herausfinden.

5.5   Ein reduziertes System

Die Theorien und Wirtschaftsmodelle der Ökonomen werden wichtige Größen,
wie zum Beispiel Preis- und Lohnentwicklung, nicht zu prognostizieren imstande
sein. Ein eigenes Modell in Form einer Computersimulation zu bauen, erscheint
zu aufwendig. Daher muss ein Experiment mit reduzierter C-Geldmenge diese
Daten liefern.

Dazu gibt es folgende Möglichkeiten:

- den Empfängerkreis einschränken
- den Abwertungsfaktor erhöhen
- den Auszahlungsbetrag senken

sowie Kombinationen davon.

An der Bedingungslosigkeit sollte festgehalten werden – nicht zuletzt wegen der schwierigen Abgrenzung, welche Personen berechtigt sein sollten und welche nicht. Zudem würde eine ganze Kategorie von Akteuren wegfallen, wodurch die Aussagekraft des Modells in Bezug auf eine Erweiterung litte.

Auch den Abwertungsfaktor zu erhöhen erscheint problematisch. Die zehn Prozent pro Monat machen immerhin 70 % pro Jahr aus.

Bleibt nur noch übrig, die Höhe des ausbezahlten Betrages zu senken, wodurch das BGE während der Einführungsphase zum Bedingungslosen Einkommen (BE) wird.

Sehen wir uns die Zahlen für Österreich an, wenn man die monatliche Auszahlung auf 300 C-Euro festlegt. In diesem Fall werden insgesamt 2,4 Mrd. C-Euro an die Bürger ausbezahlt.

Wir erhalten wiederum eine geometrische Reihe mit dem Anfangswert 2,4 Mrd. und dem Quotienten 0,9:

$$2,4 \; + \; 2,4 \times 0,9 \; + \; 2,4 \times 0,81 \; + \; 2,4 \times 0,729 \; \ldots$$

Die Summe beträgt 24 Mrd., wobei dieser Wert annähernd nach etwa vier Jahren erreicht wird.

Im Folgenden soll die Euro-Zone behandelt werden.

Die Abb. 5.3 zeigt, wie das ZGE in drei Etappen eingeführt werden kann, und vergleicht den Zuwachs der Geldmenge MC mit dem Zuwachs durch das

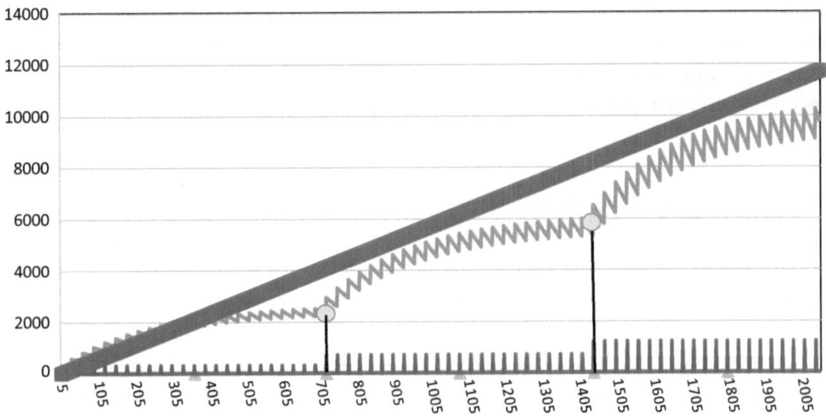

Abb. 5.3   Geldzuwachs in der Eurozone

Quantitative Easing genannte Programm der EZB unter Mario Draghi von 2015 bis 2019.

Draghi hat in diesen vier Jahren während verschiedener Etappen monatlich bis zu 80 Mrd. EUR ex nihilo erschaffen und an die Nationalbanken der Eurostaaten verteilt. Diese Beträge summierten sich am Ende auf 2600 Mrd. EUR. Obwohl die Einlagen mit einem negativen Zinssatz belastet sind, ist die dadurch entstehende Krümmung der Kurve vernachlässigbar.

Die Zahlen auf der Vertikalachse bezeichnen die Geldmenge pro Einwohner der Eurozone in Euro.

Die Zahlen auf der Horizontalachse bezeichnen Monate, die mit März 2015 beginnen.

Die gezackte Kurve besteht aus drei Teilen. Der erste Teil erstreckt sich über zwei Jahre und illustriert das im Text beschriebene reduzierte ZGE von 300 C-Euro pro Monat. Es ist zu erkennen, dass die Geldmenge zunächst zwar stärker zunimmt als die durch Draghi erzeugte, dann jedoch rasch abflacht. Nach zwei Jahren liegt sie bedeutend unter der Draghi-Kurve.

Der zweite Teil der Kurve erstreckt sich ebenfalls über zwei Jahre, doch wurde dort der monatliche Betrag, den jeder Euroland-Bürger erhält, auf 700 C-Euro erhöht. Die Kurve nähert sich der Draghi-Kurve, bleibt jedoch stets darunter.

Nach 48 Monaten, also im Februar 2019, setzt der dritte – fiktive – Teil der Kurve an, wobei das Grundeinkommen auf nicht nur 1000, sondern auf 1200 C-Euro erhöht werden soll.

Es ist zu sehen, dass die Geldmenge MC (fast) immer geringer ist als die von Draghi erzeugte. Der Hauptunterschied liegt jedoch darin, dass die von Draghi geschaffene Geldmenge monatlich pro Euroland-Bürger immer nur 160 EUR betragen hat, während es beim ZGE während der ersten zwei Jahre 300 und danach bis heute 700 C-Euro gewesen wären, was für die unter der Armutsgrenze lebende Bevölkerung einen gewaltigen Unterschied bedeutet hätte.

5.6   Zusammenfassung

Das System des Zirkularen Grundeinkommens ist mit folgenden Parametern versehen, die ausschließlich von der Zentralbank gesetzt werden:

- Altersgruppen und -grenzen. Es sind mehr als zwei Gruppen denkbar, und die Grenzen zwischen ihnen sind anfangs frei wählbar, zum Beispiel Vorschulalter, Schulalter bis zur Volljährigkeit, Volljährige. Danach sollten sie jedoch konstant bleiben.

- Die Höhe des monatlichen Einkommens für die jeweilige Altersgruppe. Es sollte für keine Gruppe jemals sinken.
- Der tägliche (negative) Zinssatz.
- Das Verteilungsverhältnis zwischen S-Euro und C-Euro bei Zahlungen, welches eine untere Grenze für den S-Euro-Anteil angeben soll, das heißt, der Zahler darf den S-Euro-Anteil bis zu 100 % erhöhen.

Wer zu den Bürgern gezählt wird, ist eine politische Frage und daher systemneutral.

Die Einbettung des ZGE in das bestehende System erfolgt weitestgehend berührungslos, indem C-Guthaben bei der Berechnung von Ertragssteuern ignoriert werden. Auch das System der Sozialversicherungen bleibt unangetastet, was die Leistungen betrifft, die durch die Beiträge gedeckt sind.

Das Zirkulargeld entspricht dem System des Wasserkreislaufs in der Natur. Die durch die Schwerkraft definierte potenzielle Energie eines Wassertropfens entspricht dem auf einem C-Euro lastenden Druck, diesen auszugeben. Die hinter dem System steckende Software PLUVIA übernimmt die Rolle der Sonne, indem sie den Kreislauf in Gang hält. Der Wasserverdunstung entspricht die tägliche Abwertung, dem Regen die monatliche Auszahlung.

Resümee und Ausblick 6

Nachdem die ersten Kapitel dieses *essentials* von den Begriffen Geld und Arbeit handelten, wurde die Idee des BGE mit den damit verbundenen Vorteilen und Einwänden vorgestellt. Diese Bausteine wurden im abschließenden Kapitel zwingend logisch zu einem Mosaik zusammengesetzt – dem System des Zirkularen Grundeinkommens.

Dessen Einführung wird das Hauptziel eines BGE erreichen: Allen Menschen wird die Möglichkeit gegeben, in Würde leben zu können. Als Nebeneffekt, der an sich jedoch von größter Bedeutung ist, löst es auch die Probleme, die sich aus der Nullzins-Politik ergeben, die Wirtschaft würde florieren und das Sparen wäre wieder sinnvoll.

Bereits in den ersten Monaten nach der Einführung eines ZGE werden sich Auswirkungen auf die Preise feststellen lassen, während es bei den Gehältern sowie bestehenden Kauf-, Miet- und Pachtverträgen etc. länger dauern wird, bevor sie eventuell um-verhandelt werden. Auch wird der Staat versuchen, die Sozialleistungen zurückzuschrauben, wenn das politisch möglich ist.

Andere Probleme, deren Lösung oft vom BGE erwartet wird, werden im hier vorgestellten Modell des ZGE an andere Organisationen zurückgewiesen, um eine rasche und einfache Einführung zu gewährleisten:

- Die Frage der Mindestlöhne ist Sache der Gewerkschaften.
- Die Angleichung der Löhne von Frauen an die von Männern ist Sache der Gewerkschaften und Politiker.
- Der zunehmende Unterschied zwischen den Einkommen von Geringverdienern und Spitzenverdienern bleibt der Steuerpolitik des Staates überlassen.
- Für den Umweltschutz sind NGOs und Politiker verantwortlich.

© Springer Fachmedien Wiesbaden GmbH, ein Teil von Springer Nature 2020
E. Lukschandl, *Zirkulares Grundeinkommen und Nullzinspolitik,* essentials,
https://doi.org/10.1007/978-3-658-29468-7_6

Spätestens nach einer Generation wird der monatliche Geldregen jedermann so natürlich erscheinen wie der Regen aus den Wolken. Ähnlich dem Kreislauf des Wassers, bei welchem auf die verschiedensten Arten Energie erzeugt wird, funktioniert auch das Zirkulargeld.

Zuletzt soll Jean-Jacques Rousseau zu Wort kommen:

Die Freiheit des Menschen liegt nicht darin, dass er tun kann, was er will, sondern, dass er nicht tun muss, was er nicht will.

Das Geld, das man besitzt, ist das Mittel zur Freiheit, dasjenige, dem man nachjagt, das Mittel zur Knechtschaft.

Was Sie aus diesem *essential* mitnehmen können

- Die Einführung eines Zirkularen Grundeinkommens wird die beiden Hauptziele eines Bedingungslosen Grundeinkommens erreichen: Allen Menschen wird die Möglichkeit gegeben, in Würde leben zu können, und die Wirtschaft würde florieren.
- Das Zirkulare Grundeinkommen stellt zugleich die Lösung für das Problem der EZB dar, mit einer zeitlich befristeten Geldmengenerhöhung das Inflationsziel von zwei Prozent zu erreichen.

© Springer Fachmedien Wiesbaden GmbH, ein Teil von Springer Nature 2020
E. Lukschandl, *Zirkulares Grundeinkommen und Nullzinspolitik*, essentials,
https://doi.org/10.1007/978-3-658-29468-7

Literatur

Büchele H, Wohlgenannt L (Hrsg) (2016) Grundeinkommen ohne Arbeit – Auf dem Weg zu einer Kommunikativen Gesellschaft. Verlag des ÖGB, Wien

Butterwegge C, Rinke K (2018) Grundeinkommen kontrovers – Plädoyers für und gegen ein neues Sozialmodell. Beltz Juventa, Weinheim

Carstens A (2019) The future of money and payments. https://www.bis.org/speeches/sp190322.pdf. Zugegriffen: 28. Aug. 2019

Clarke D (2018) The future of cash – protecting access to payments in the digital age. http://positivemoney.org/wp-content/uploads/2018/03/Positive-Money-Future-of-Cash.pdf. Zugegriffen: 8. Dez. 2019

Deutsche Bundesbank (2019) https://www.bundesbank.de/dynamic/action/de/startseite/glossar/723820/glossar?firstLetter=G&contentId=652386#anchor-652386. Zugegriffen: 28. Aug. 2019

Douma E (2018) Sicheres Grundeinkommen für alle – Wunschtraum oder realistische Perspektive? Cividale, Berlin

Dyson B, Hodgson G (2016) Digital cash. Positive money. https://positivemoney.org/

Ehrenhauser M (2018) Die Geldroboter – Wie Hochfrequenzmaschinen unser Erspartes einkassieren und Finanzmärkte destabilisieren. Promedia, Wien

Häni D, Kovce P (2015) Was fehlt, wenn alles da ist? – Warum das bedingungslose Grundeinkommen die richtigen Fragen stellt. Orell Füssli, Zürich

Häni D, Kovce P (2017) Was würdest du arbeiten, wenn für dein Einkommen gesorgt wäre? – Manifest zum Grundeinkommen. Ecowin, Wals bei Salzburg

Huber J (2018) Monetäre Souveränität – Geldsystem im Umbruch. Metropolis, Marburg

Keynes JM (1930) Economic possibilities for our grandchildren. In essays in persuasion. Palgrave Macmillan, London

Liebermann S (2015) Aus dem Geist der Demokratie: Bedingungsloses Grundeinkommen. Humanities Online, Frankfurt a. M.

Marx K, Engels F (1846/1932) Die deutsche Ideologie. MEW 3. Zenodot Verlagsgesellschaft, Berlin

Precht RD (2018) Jäger, Hirten, Kritiker – Eine Utopie für eine digitale Gesellschaft. Goldmann, München

Rätz W, Paternoga D, Reiners J, Reipen G (Hrsg) (2019) Digitalisierung? Grundeinkommen! Mandelbaum, Wien

© Springer Fachmedien Wiesbaden GmbH, ein Teil von Springer Nature 2020   35
E. Lukschandl, *Zirkulares Grundeinkommen und Nullzinspolitik,* essentials,
https://doi.org/10.1007/978-3-658-29468-7

Schmatz S (2013) Komplementärwährungen – Bedeutung und Funktion für Gesellschaft und Ökonomie in marginalisierten Regionen. Diplomarbeit. http://othes.univie.ac.at/27136/1/2013-03-12_0351879.pdf. Zugegriffen: 28. Aug. 2019

Standing G (2017) Basic income: and how we can make it happen. Pelican, London

Van Parijs P (Hrsg) (2018) Basic income and the left – a European debate. Social Europe Edition, London

Van Parijs P, Vanderborght Y (2017) Basic income – a radical proposal for a free society and a sane economy. Harvard University Press, Cambridge

Varoufakis Y (2015) Time for Change – Wie ich meiner Tochter die Wirtschaft erkläre. München: Hanser (griechisch 2014)

Werner G, Goehler E (2010) 1000€ für jeden – Freiheit Gleichheit Grundeinkommen. Econ, Berlin

Weißbrot D (2018) Kurzer Abriß der deutschen Geschichte 2022–2050 – Wie das bedingungslose Grundeinkommen unser Leben und unsere Gesellschaft verändert hat. Engelsdprfer, Leipzig

Yang A (2018) The war on normal people – the truth about America's disappearing jobs and why universal basic income is our future. Hachette Books, New York